BEI GRIN MACHT SICH IHR WISSEN BEZAHLT

- Wir veröffentlichen Ihre Hausarbeit, Bachelor- und Masterarbeit

- Ihr eigenes eBook und Buch - weltweit in allen wichtigen Shops

- Verdienen Sie an jedem Verkauf

Jetzt bei www.GRIN.com hochladen und kostenlos publizieren

Individuelle Trainingsplanung für Beweglichkeit und Koordination

Bibliografische Information der Deutschen Nationalbibliothek:

Die Deutsche Nationalbibliothek verzeichnet diese Publikation in der Deutschen Nationalbibliografie; detaillierte bibliografische Daten sind im Internet über http://dnb.d-nb.de abrufbar.

ISBN: 9783963561863
Dieses Buch ist auch als E-Book erhältlich.

Das Buch bei GRIN: https://www.grin.com/document/1449409

Inhaltsverzeichnis

1 Teilaufgabe 1 - Personendaten

Um die Trainingsplanung für die Testperson bestmöglich gestalten zu können, werden die wichtigsten Daten der Person benötigt. Anhand dieser können die optimalen Voraussetzungen bestimmt und Informationen für das Beweglichkeits- und Koordinationstraining gewonnen werden.

Tabelle 1: Allgemeine und biometrische Personendaten

Alter	35 Jahre
Geschlecht	Männlich
Körpergröße	1,81m
Körpergewicht	83 kg
Trainingsmotiv	- Verbesserung der Koordinativen Fähigkeiten - Fitter werden und wieder mehr zum Sport finden - Verbesserung der Beweglichkeit - Widereinstieg in den Kraftsport nach Ablauf dieses Trainingsplan
Berufliche Tätigkeit	Postbote, Zustellung sowohl mit dem Auto, mittlere Intensität
Frühere sportliche Aktivität	- Handball, im Alter von 7 bis 28 Jahren, Amateurniveau, insgesamt 2-3 mal die Woche für je 90 Minuten - Kraftsport, im Alter von 16 bis 29 Jahren, auf Anfängerstufe begonnen, letzter Stand ist als weit Fortgeschritten zu bewerten, insgesamt 3-mal die Woche für 90 Minuten je Einheit
Aktuelle sportliche Aktivität	Keine Sportliche Aktivität seit 6 Jahren
Zeitlicher Verfügungsrahmen	Bis zu 4-mal die Woche, für bis zu 90 Minuten je Einheit
Leistungsstufe	Widereinsteiger

Allgemeiner Gesundheitszustand	Keine Vorerkrankungen oder andere körperliche Probleme vorhanden, durch ein Check-Up bei einem Arzt wurde dies bestätigt.
Gesundheitliche Einschränkungen	Keine gesundheitlichen Einschränkungen vorhanden

Beim ärztlichen Check-Up sind weder Einschränkungen noch Probleme beim Probanden im Hinblick auf dessen Beweglichkeit aufgetreten.

Durch seine frühere sportliche Aktivität als Handballer, hat er im Laufe der Jahre einiges an Wissen für Dehnübungen der unteren und oberen Extremitäten gewonnen.

Auch mit der langjährigen früheren Aktivität Kraftsport, konnte sich der Proband über eine lange Zeit auch mit Übungen für die oberen Extremitäten, sowie dem Rumpf vertraut machen. Zwar ist der Proband aufgrund seiner sportlichen Inaktivität von 6 Jahren, nicht mehr als Fortgeschrittener zu werten, aber auch nicht als Anfänger. Aufgrund dieser Informationen lässt sich folgern, dass er durch seine langjährige Erfahrung als Widereinsteiger einzustufen und auch körperlich fit ist, also keine spezielle Behandlung benötigt.

Auch für das Koordinationstraining, im Sinne eines Gleichgewichtstrainings stehen ihm keine körperlichen Einschränkungen im Weg, weshalb das Training ohne weiteres absolviert werden kann. Seine Gleichgewichtsfähigkeit war während seiner sportlich aktiven Zeit auf einem sehr guten Niveau, nach seiner längeren Pause wird er auch als Widereinsteiger behandelt. Zu Beginn soll er nicht überfordert werden, das Leistungsniveau kann aber gesteigert werden.

2 Teilaufgabe 2 – Trainingsplanung Beweglichkeitstraining

Im Folgenden wird für die Testperson ein Trainingsplan für ein Beweglichkeitstraining erstellt, welches auf die Bedürfnisse und biometrischen Daten der Testperson ausgelegt ist.

2.1 Übungsauswahl und Dehnmethoden Beweglichkeitstraining

Begonnen wird mit der Erstellung eines Trainingsplan, welcher im Folgenden zu sehen ist. In diesem werden die Dehnmethoden, die beanspruchte Zielmuskulatur, sowie die korrekte Ausführung der Übung aufgezählt und erläutert. Genauere Informationen zum Belastungsgefüge, sowie zur Dauer der Anwendungen befinden sich im nächsten Gliederungspunkt.

Tabelle 2: Übungen für das Beweglichkeitstraining

Nummer der Übung	Zielmuskulatur	Dehnmethode	Übungsausführung
1	Brustmuskulatur (M.pectoralis major)	Aktiv dynamisch	Die Ausgangsposition für die erste Dehnform ist ein aufrechter Stand. Die Hände werden hierbei in einem 90° Winkel, zwischen Ober- und Unterarm, seitlich seines Kopfes nach hinten geführt. Durch diese Bewegung wird eine Retraktion des Schultergürtels ausgeübt. Dabei ist der Brustkorb aufgerichtet und der Ellenbogen wird langsam und kontrolliert, seitlich nach hinten und wieder nach vorne geführt. Dadurch wird die beanspruchte Muskulatur bilateral aktiv gedehnt.
2	Seitliche Nackenmuskulatur (M. trapezius pars descendens)	Aktiv-passiv statisch	Anfangsposition für diese Übung, ist ein aufrechter Stand, von welchem aus man leicht in die Knie geht. Dadurch wird ein sicherer Stand eingenommen. Anschließend wird der Kopf langsam von rechts nach links, Richtung Schulter gezogen. Durch eine Hinzunahme der linken Hand, welche oberhalb des rechten

			Ohres aufliegt wird der Zug noch leicht verstärkt.
3	Seitliche Rumpfmuskeln (M. obliquus internus abdominis; M. obliquus internius abdominis)	Passiv statisch	Zu Beginn dieser Übung liegt man mit dem Rücken gerade auf einer Gymnastikmatte. Nun wird der rechte Arm über den Kopf gehoben und mit der linken das rechtes Handgelenk umgriffen. Anschließend wird mit der linken Hand, die rechte langsam nach links gezogen. Hierbei ist es wichtig, dass die rechte Körperseite auf den Boden gedrückt wird, um eine optimale Dehnung zu erfahren. Diese Position wird nun für 45 Sekunden gehalten, um die rechte Seite des Rumpfes zu dehnen. Anschließend wird der Prozess mit der linken Seite wiederholt.
4	Trizeps (M. triceps brachii)	Aktiv-passiv statisch	Begonnen wird in einem aufrechten Stand. Nun wird der zu dehnende Arm im Ellenbogengelenk gebeugt und langsam senkrecht nach oben angehoben. Dabei muss die Hand hinter den Kopf geführt werden. Anschließend wird mit der anderen Hand der Ellenbogen gegriffen und dieser wird senkrecht nach unten gezogen. Durch das statische Halten dieser Position, ist eine Dehnung im M. Triceps brachii zu spüren. Im Anschluss daran wird die andere Seite gedehnt, jede Seite wird insgesamt dreimal gedehnt.
5	Rückenstrecker (M. erector spinae)	Aktiv dynamisch	Der Startpunkt dieser Übung ist der Vierfüßler Stand auf einer Gymnastikmatte. Diesen wird so

			eingenommen, sodass sich ein Hohlkreuz bildet. Hierbei befinden sich die Handflächen unterhalb der Schulter. Nun wird im ersten Schritt der Rücken aus dem Hohlkreuz zu einem Rundrücken gebeugt und danach wieder in seine Ausgangsposition. Hierbei ist zu beachten, dass die Bewegung langsam ausgeführt werden muss.
6	Gesäßmuskel (Mm. Glutaei)	Passiv statisch	Ausgangspunkt für diese Übung, ist der Sitz auf einer Gesäßhälfte, lagernd einer Gymnastikmatte. Dabei legt ein Bein in einem 90° Winkel auf der Matte. Nun wird der Oberkörper aufgerichtet und auf das angewinkelte Bein gelegt. Anschließend wird das andere Bein nach hinten ausgestreckt, dabei ist zu beachten, dass Knie und Fußspitze, ebenfalls die Matte berühren. Als nächstes wird der Kopf in Richtung Boden gezogen, sodass auf den Mm Glutaei, des angewinkelten Beines ein Zug wirkt. Die Dehnposition wird für jeweils 45 Sekunden eingenommen und danach die andere Seite der Gesäßmuskulatur gedehnt.
7	Teil des Oberschenkelmuskels (M. rectus femoris)	Passiv statisch	Gestartet wird bei dieser Übung auch wieder auf einer Gymnastikmatte. Zuerst wird das rechte Knie auf der Matte aufgestellt, während das linke Bein angewinkelt wird und mit der Fußfläche auf der Matte steht. Anschließend wird mit der Hand das Sprunggelenk des knieenden

			Beines umgriffen und in Richtung Gesäß gezogen. Durch das Halten dieser Position wird der M. rectus femoris gedehnt. Die Dehnung wird für 45 Sekunden, bevor die Position getauscht und das andere Bein gedehnt wird.
8	Oberschenkelmuskel (M. quadriceps femoris)	Postisometrisch aktiv	Hier wird ein Schulterbreiter Stand eingenommen, wobei die Knie leicht gebeugt werden. Nun wird ein Bein angewinkelt und zum Gesäß geführt, dabei wird das Sprunggelenk von einer Hand umfasst, sodass die Dehnung vergrößert wird. Diese Position wird für 6 bis 10 Sekunden gehalten, wonach direkt eine Entspannung von 2 bis 3 Sekunden folgt. Nun wird die Dehnposition aktiv eingenommen, sodass ein deutlicher spürbarer Dehnreiz entsteht, welcher 10 bis 20 Sekunden statisch gehalten wird. Diese Übung wird insgesamt dreimal durchgeführt.
9	Hüftgelenkadduktoren (M. adductor- brevis, longus, magnus, minimus; M. gracilis; M. pectineus)	Postisometrisch passiv	Startposition bei dieser Übung ist der aufrechte Schneidersitz aufrecht. Hierbei berühren sich beide Fußsohlen, die Hände umfassen die Sprunggelenke, zudem werden die Ellenbogen so gegen das Knie geführt, dass dadurch Druck auf das Kniegelenk ausgeübt wird. Gleichzeitig geht von Knien Druck auf die Ellenbogen aus. Diese Position für 6 bis 10 Sekunden gehalten, wodurch die beanspruchte Muskulatur isometrisch kontrahiert wird. Nun folgt direkt eine

| | | | vollständige Entspannung der beanspruchten Muskulatur über eine Dauer von 2 bis 3 Sekunden. Anschließend wird nun diese Dehnposition passiv, für 10 bis 20 Sekunden eingenommen und statisch gehalten, sodass ein deutlich spürbarer Reiz entsteht. Auch diese Übung wird drei Mal durchgeführt. |
| 10 | Wadenmuskel (Mm. Triceps suare) | Passiv statisch | Die Ausgangsposition für diese Übung ist ein Ausfallschritt, wodurch das vordere Bein im Kniegelenk leicht gebeugt wird und das hintere gleichzeitig gestreckt ist. Wichtig ist, dass beide Fußsohlen komplett aufgestellt sind. Damit bei dem, hier beanspruchten, zweigelenkigen M. Gastrocnemicus eine höheren Spannung erzielt werden kann, wird das Gewicht nach vorneverlagert. An diesem Punkt erfährt man eine Dehnung, falls dies nicht der Fall ist, wird eine Gewichtsscheibe unter die Ferse des hinteren Beines gelegt, um den Winkel zu verändern, sodass eine Dehnung spürbar ist. |

2.2 Belastungsgefüge Beweglichkeitstraining

Da der Proband als zeitlichen Verfügungsrahmen maximal 4 Tage pro Woche angegeben hat, startet sein Trainingsplan erstmal mit 3 Einheiten die Woche.

Tabelle 3: Belastungsgefüge

Trainingshäufigkeit pro Woche	3x pro Woche
Sätze pro Übung	3
Intensivität der Übung	Maximal

Tabelle 4: Dehndauer der Dehnmethoden

Statisch	Halten der Dehnposition über 45 Sekunden
Dynamisch	10 (langsame) Wiederholungen
Postisometrisch	Über 1 Minute immer abwechselnd 6 bis 10 Sekunden Dehnen & im Anschluss 2 bis 3 Sekunden entspannen)

2.3 Begründung zur Trainingsplanung für das Beweglichkeitstraining

Da der Proband angegeben hatte, bis zu viermal pro Woche für ein Training zur Verfügung zu stehen, wurden anfangs drei Trainingseinheiten pro Woche für ihn gewählt. Bei Bedarf kann die Anzahl der Einheiten bei zukünftigen Plänen natürlich noch erhöht werden. Durch drei Einheiten pro Woche, lässt sich die Beweglichkeit jedoch schon verbessern (Rancour, Holmes & Cipiani, 2009).

Um seine gewünschten Ziele zu erreichen, sollte der Trainingsplan gewissenhaft durchgeführt werden. Da keine Beschwerden vorliegen, welche sein Training einschränken, wurden die Übungen so ausgesucht, dass sie ihn bei seinem Job, bestmöglich unterstützten. Als Postbote ist er in Teilen zu Fuß unterwegs, aufgrund dessen befassen sich 50 % der Übungen mit dem Beckengürtel und dem unteren Extremitäten. Jedoch müssen auch die Muskeln des Oberkörpers ausreichend gedehnt werden, da diese für ihn auch von großer Bedeutung sind, da er nach diesem Trainingsplan wieder mit dem Kraftsport beginn will. Angefangen wird hier mit den Muskeln des Oberkörpers, wonach sich dann langsam nach unten durchgearbeitet wird.

Bei der Frage, ob man eher eine weiches, sehr intensives, oder auch maximales Dehnen anwenden sollte, gibt es eine eindeutige Antwort. Diese liefert Marschall (1999) in seiner Studie, nach ihm ist die optimalste Dehnmethode das maximale Dehnen, da so eine wesentlich höhere Bewegungsamplitude erreicht werden kann. Aber auch die Studie von Schönthaler und Ohlendorf (2002) erzielte ähnliche Ergebnisse. Hier fanden sie heraus, dass sich die optimalste Verbesserung der Bewegungsamplitude, zwischen der Dehngrenze, also dem Beginn des Dehnschmerzes und der maximalen Bewegunsgreichweite befindet.

Die statischen Dehnübungen werden hier für maximal 45 Sekunden gehalten um ein optimales Ergebnis zu erzielen. Bei dieser Dehnmethode ist es besonders wichtig, dass die Übungen langsam und kontrolliert eingenommen werden, so lässt sich das Verletzungsrisiko des Probanden auf ein Minimum reduzieren.

Bei der dynamischen Dehnmethode sind 10 Wiederholungen, welche langsam und kontrolliert ausgeführt werden optimal. Mehr Wiederholungen, bis zu 15, wären nach Freiwald (2004) auch möglich, jedoch stellte Glück (2005) in seiner Studie dar, dass mehr als 10 Wiederholungen pro Satz keine merklichen Steigerungen zur Folge hätten. Der Vorteil dieser Methode, liegt hierbei bei der kurzen Einnahme einer fast maximalen Dehnung, welche wiederholt eingenommen wird.

Die postisometrische Dehnmethode unterscheidet sich durch ihren Bewegungsablauf (deutlich) von den anderen beiden. Der beanspruchte Muskel wird für 6 bis 10 Sekunden isometrisch kontrahiert und erfährt danach für 2 bis 3 Sekunden eine vollkommene Entspannung, woraufhin er für 10 bis 20 Sekunden die Dehnposition mit einem deutlich spürbaren Reiz, aktiv oder passiv, einnimmt. (Hohmann, Lames & Letzelter, 2002, S.100; Sölveborn, 1983, S.13)

Insgesamt werden pro Übung 3 Sätze absolviert. Aufgrund der Anwendung von verschiedensten Dehnmethoden, kann sowohl die Schwierigkeit, als auch die Intensität variiert und optimal auf den Probanden angepasst werden. So lässt sich, das für ihn beste Dehnprogramm erstellen.

3 Teilaufgabe 3 – Trainingsplanung Koordinationstraining

Als Teil dieser Aufgabe wird für den Probanden ein Koordinationstraining im Sinne eines Gleichgewichtstrainings erstellt. Dieses ist auf seine biometrischen daten und seine gesundheitlichen ausgelegt.

3.1 Übungsauswahl Koordinationstraining

Im nachfolgenden wird für den Probanden ein Koordinationstraining konzipiert, welche an sein Leistungsniveau angepasst ist. Neben der Auswahl der Übung und deren

Beschreibung der Ausführung, sind mehr Informationen zum Belastungsgefüge im nächsten Gliederungspunkt zu finden.

Tabelle 5: Übungen für das Koordinationstraining

Nummer der Übung	Übungsauswahl	Beschreibung
1	Zweibeinstand mit Verlagerung des Körpergewichts	Für die erste Übung begibt man sich in den Zweibeinstand. Dies geschieht auf einem stabilen Untergrund und in einem aufrechten, etwa hüftbreiten und stabilen Stand, dies kann auch barfuß oder in Socken sein. Nun wird der Schwerpunkt zuerst nach links, dann nach rechts, sowie nach vorne und dann nach hinten verlagert. Hierbei ist zu beachten, dass der Körper nach jeder Verlagerung erst wieder ins Lot gebracht wird, bevor der Schwerpunkt wieder neu verlagert wird. Zudem bleibt die Schrittstellung gleich und der stabile Stand wird beibehalten.
2	Einbeinstand	Nun wird ein Bein leicht angehoben, mit dem anderen befindet man sich, wie in der vorherigen Übung in einem stabilen Stand. Das Gewicht wird also gleichmäßig auf die Ferse, sowie den Klein- & Großzehballen verteilt. Diese einbeinige Position wird für 30 Sekunden gehalten, danach wird die Seite getauscht. Insgesamt wird jede Seite dreimal beansprucht.
3	Einbeinstand mit Verlagerung des Körpergewichts	Bei dieser Übung ist die Ausgangslage die gleiche wie bei Nr. 2. Man steht also auf einem Bein und geht nun nach der gleichen Übungsdurchführung, wie bei Nr. 1 vor.
4	Zweibeinstand auf einem Therapiekreisel	Die Ausgangslage bei dieser Übung ist die gleiche wie bei Nr.1, jedoch steht man hier auf einem instabilen Untergrund, einem Therapiekreisel. Diese wird für je 30 Sekunden pro Satz gehalten.
5	Einbeinstand auf einem Balance Pad	Ähnlich wie bei Übung Nr.2 beginnt diese Übung auf einem Bein, jedoch wird hier auf einem instabilen Untergrund gestartet. Dies erfolgt auf einem Balance

		Pad. Die Durchführung ist ansonsten dieselbe, wie bei Nr. 2.
6	Einbeinstand und Ball um den Rumpf führen	Bei dieser Übung steht man wieder auf einem stabilen Untergrund, genau wie bei Übung Nr.2. Als Hilfsmittel wird ein Ball hinzugenommen, welcher um den Rumpf geführt wird, nach den ersten 15 Sekunden erfolgt ein Richtungswechsel.
7	Zweibeinstand auf Therapiekreisel und Ball um den Rumpf führen	Die Ausgangsposition für diese Übung ist die gleiche, wie die von Übung Nr. 4. Zusätzlich wird wie in der vorherigen Aufgabe, ein Ball, wie in Übung Nr. 6 um den Körper geführt. Die Durchführung ist hierbei gleich.
8	Einbeinstand auf Balancepad und Ball um dem Rumpf führen	Hier wird als Ausgangslage Übung Nr. 5 auf dem Balance Pad genommen. Zusätzlich kommt wieder ein Ball zum Einsatz. Dieser wird wie in Übung Nr. 6 um den Körper herumgeführt. Der Ablauf ist der gleiche.
9	Standwaage	Für die nächste Übung, geht man wieder in die Grundposition „Einbeinstand". Das angehobene Bein wird nun langsam nach hinten gestreckt, der Oberkörper wird gleichzeitig nach vorne gebeugt. Hilfreich ist es, wenn die Arme ausgestreckt werden, sodass man einen besseres Gleichgewicht innehat. Dabei bilden die Fußspitze des Beins, welches in der Luft ist, mit den Fingerspitzen eine gerade Linie. Nach 30 Sekunden halt erfolgt ein Seitenwechsel.
10	Standwaage auf Balance Pad	Diese Übung baut auf der vorherigen „Standwaage" auf. Durch ein Balance Pad wird die Übung erschwert, man hat also keinen stabilen, sondern einen instabilen Untergrund. Die Durchführung ist gleich wie bei Übung Nr.9.

3.2 Belastungsgefüge Koordinationstraining

Tabelle 6: Belastungsgefüge

Trainingshäufigkeit	3x pro Woche
Sätze pro Übung	3 Sätze
Satzpausen	30 Sekunden
Belastungsdauer	30 Sekunden

3.3 Begründung zur Trainingsplanung für das Koordinationstraining

Da der Proband früher bereits sportlich aktiv war, hat er eine gute Gleichgewichtsfähigkeit erlangt. Nach seiner Sportpause ist diese jedoch natürlich nicht mehr auf demselben Stand, wie zu seiner aktiven Zeit. Aus diesem Grund beginnt für ihn als Widereinsteiger, das Training auch erst einmal mit den Basics. Dieses wird dann Übung für Übung anspruchsvoller. Insgesamt trainiert er innerhalb seines zeitlichen Verfügungsrahmens drei mal die Woche. Mit einer Belastungsdauer und einer Satzpause von 30 Sekunden, liegt das Training optimal im Belastungsparameter eines propriozeptiven Trainings. Auch die Anzahl von 3 Sätzen pro Übung entspricht der Norm. (Chwilkowski, 2006, S.61; Häfelinger & Schuba, 2007, S. 61)

Es geht darum eine konstante Steigerung der Schwierigkeit im Training zu haben. So sollen zuerst kleine Erfolge erzielt werden, damit durch Erfolgserlebnisse, die Motivation steigt dadurch. Eine aufeinander aufbauende Bewegungserfahrung begünstigt dies. (Chwilkowski, 2006, S. 56-58)

Ziel des Koordinationstraining ist es eine wichtige Komponente der koordinativen Fähigkeiten, die Gleichgewichtsfähigkeit, durch das Training zu verbessern und zu stabilisieren, aber auch die Bewegungssicherheit soll erhöht werden. (vgl. Gimbel, 2014, S. 132)

Bevor das Training startet, sollte zuerst ein allgemeines Aufwärmprogramm absolviert werden. Dies soll die Körpertemperatur erhöhen und so vor Verletzungen schützen.

Bei Betrachtung der Abfolge wird ersichtlich, dass die Übungen aufeinander aufbauen. Durch Hinzunahme von Utensilien wie einem Therapiekreisel, Balance Pad oder einem Ball können die Anforderungen erhöht und der Proband mehr gefordert werden. (vgl. Gimbel, 2014, S.134)

Angefangen wird mit statischen bis hin zu dynamischen Stabilisationsübungen. Bei diesen ist es wichtig, dass die Qualität der Bewegunsausführung zu jedem Zeitpunkt gewährleistet ist. Aber auch eine korrekte Haltung der Fuß-, Knie-, Hüft- und Wirbelsäulenstellung ist sehr von Bedeutung. (Chwilkowski, 2006, 60 ff; Häfelinger & Schuba, 2007, S.61)

4 Teilaufgabe 4 – Literaturrecherche

Tabelle 7: Effekte eines Gleichgewichtstrainings im Hinblick auf die Sturzprophylaxe

Studie 1	Studie 2
Titel der Studie	
Sturzprävention in Hausarztpraxen – Effekte eines komplexen Trainingsprogrammes im Rahmen einer cluster-randomisierten Studie	Multi-System-Übungsintervention zur Sturzprävention und Lebensqualität bei älteren Erwachsenen vor der Frail: Eine randomisierte kontrollierte Studie
Wer hat die Studie durchgeführt ?	
Monika Siegrist, Ellen Freiberger, Barbara Geilhof, Johannes Salb, Christian Henschke, Peter Landendoerfer, Klaus Linde, Martin Halle, Wolfgang A. Blank	Jiraporn Chittrakul, Penprapa Siviroj, Somporn Sungkarat, Ratana Sapbamrer
In welchem Jahr wurde die Studie publiziert ?	
2016	2020
Welche Forschungsfrage wurde untersucht ?	
Können multifaktorielle Sturzpräventionsprogramme in Hausarztpraxen die Inzidenzrate von älteren Menschen senken	Wie wirksam ist eine Multi-System-Übung (MPE) zur Sturzprävention und zur gesundheitsbezogenen Lebensqualität (HRQOL) bei älteren Erwachsenen
Mit welchen Versuchspersonen wurde die Studie durchgeführt ?	
378 selbstständig lebende ältere Menschen im Alter zwischen 65 und 94 Jahren (Durchschnittsalter 78,1 ± 5,9 Jahre), aus 33 cluster-randomisierten Allgemeinarztpraxen nahmen an der Studie teil. Diese wurden in einem Zeitraum von Juli 2009 bis März 2010 rekrutiert. Von diesen waren 285 Frauen und 93 Männer, alle hatten ein erhöhtes Sturzrisiko und wurden über 12 Monate	An der Studie nahmen 72 Erwachsene ab einem Alter von 65 Jahren teil. Bei den Teilnehmern wurden vorab leichte und mäßige Sturzrisikowerte durch das Physiological Profile Assesment (PPA) gemessen. Die Teilnehmer wurden mithilfe einer Blockrandomisierung in zwei Gruppen, MPE-Gruppe und Kontrollgruppe (KG) aufgeteilt.

untersucht. Alle Teilnehmer wurden auf 2 Gruppen, die Kontrollgruppe (KG) und die Interventionsgruppe (IG) aufgeteilt.

Wie sah der Versuchsaufbau der Studie aus ?	
Insgesamt nahmen die 222 Teilnehmer der IG an einem 16-wöchigen Sturzprogramm über 1h pro Woche teil. In diesem Programm trainierten sie gleichgewichtsfördernde und muskelkräftigende Übungen, sowie einem Gangtraining. Die Übungen wurden mit der Zeit anspruchsvoller. Dieses Programm wurde von geschulten Sturzpräventionstrainern durchgeführt. Zudem war an dieses Programm mit einem Heimtrainingsprogramm kombiniert, welches zusätzlich über 12 Wochen lief. Die 156 Teilnehmer der KG wurden so behandelt wie dies bis zu diesem Zeitpunkt in der jeweiligen Arztpraxis üblich war. Primärer Beobachtungspunkt war die Anzahl von Stürzen innerhalb der jeweiligen Kontrollgruppe. Sekundärer Beobachtungspunkt war die Anzahl von sturzbedingten Verletzungen, sowie die Veränderung der körperlichen Funktionen (Timed-Up-and-Go-Test, Chair-Stand-Test, modifizierter Romberg-Test [mRomberg]) und der Sturzangst	In der MPE-Gruppe (n=36) wurde ein spezielles Training, bestehend aus Propriozeption, Muskelstärkung, Reaktionszeit und Gleichgewichtstraining durchgeführt. Die KG (n=36) absolvierte kein spezielles Training. Die MPE-Gruppe nahm an diesem Training 3-mal pro Woche für insgesamt 12 Wochen teil. Ein Training umfasste hierbei jeweils 60 Minuten. Das primäre Ziel war das Sturzrisiko, welches mittels PPA 12 Wochen nach dem Start der Studie, sowie bei einer 12-wöchigen Nachuntersuchung bewertet wurde. Zudem fand vor der Intervention für alle eine Bewertung statt.
Welche relevanten Ergebnisse und Schlussfolgerungen lieferte die Studie ?	
In der IG (n = 222 in 17 Allgemeinarztpraxen) wurden 291, in der KG (n = 156 in 16 Allgemeinarztpraxen) 367 Stürze beobachtet. Insgesamt gaben 50,6% in der Kg (n = 79) und 58,1% der Teilnehmer in der IG (n = 129) an, in den 12 Monaten nicht gestürzt zu sein.	Bei der Auswertung liesen sich signifikante Unterscheide zwischen der MPE-Gruppe und der KG in den Wochen 12 und 24 nachweisen (p < 0,001). In der MPE-Gruppe gab es eine Verbesserung des Sturzrisikos, der Propriozeption, der Muskelkraft, der Reaktionszeit und des

Nach Beendigung des Tests zeigte sich eine niedrigere Inzidenz für Stürze (Inzidenzrate [IRR]: 0,54 [0,35; 0,84] p = 0,007) und sturzbedingte Verletzungen (IRR: 0,66 [0,42; 0,94] p = 0,033). Die IG erreichte signifikante Verbesserungen beim Timed-Up-and-Go-Test (−2,39 s, [−3,91; −0,87] p = 0,014) und beim mRomberg (1,70 s [0,35; 3,04] p = 0,037) sowie eine Reduktion der Sturzangst (−2,28 Punkte, [−3,87; −0,69] p = 0,022) im Vergleich zur KG.

Letztendlich lässt sich sagen, dass ein Sturzpräventionsprogramm in Hausarztpraxen die Anzahl von Stürzen und sturzbedingten Verletzungen bei älteren, selbstständig lebenden Personen mit erhöhten Sturzrisiko reduzieren kann.

Haltungsschwung sowie der Angst vor Stürzen. Des Weiteren wurde beobachtet, dass die HRQOL der MPE-Gruppe im Vergleich zur KG deutlich gestiegen war.

Schlussendlich stellte sich heraus, dass ein MPE-Programm die Muskelkraft signifikant erhöht, sowie die Propriozeption, die Reaktionszeit und die Haltungsschwächen verbessert. Dies führt zu einer Verringerung des Sturzrisikos bei älteren Erwachsenen mit Vorschwächen. Das MPE-Programm wird für die Anwendung in einer Gemeinde als Sturzprävention für ältere Erwachsene empfohlen.

5 Literaturverzeichnis

Chittrakul, J. ; Siviroj, P. ; Sungkarat, S. ; Sapbamrer, R. Multi-System-Übungsintervention zur Sturzprävention und Lebensqualität bei älteren Erwachsenen vor der Frail: Eine randomisierte kontrollierte Studie. *Int. J. Umgebung. Res. Öffentliche Gesundheit 2020, 17.* Zugriff am 31.8.2023. Verfügbar unter *https://www.mdpi.com/1660-4601/17/9/3102*

Chwilkowski, C. (2006). *Medizinisches Koordinationstraining – Verbesserung der Haltungs- und Bewegungskoordination durch Propriozeption* (2. Aufl.). Köln: Deutscher Trainer Verlag.

Freiwald, J. (2004). *Dehnen – Legenden, Fakten. Vortrag*, Waldenburg.

Gimbel, B. (2014). Training des Bewegungsapparats. *Körpermanagement – Handbuch für Trainer und Experten in der betrieblichen Gesundheitsförderung.* (B.Gimbel, Hrsg.) Heidelberg: Springer-Verlag.

Glück, S. (2005). *Beeinflussung der Beweglichkeit durch unterschiedliche physische und psychische Einwirkungen.* Dissertation. Universität des Saarlandes, Saarbrücken.

Hohmann, A., Lames, M. & Letzelter, M. (2002). *Einführung in die Trainingswissenschaft* (Limpert Sportwissenschaft, 2. Aufl). Wiebelsheim: Limpert.

Häfelinger, U. & Schuba, V. (2007). *Koordinationstherapie - propriozeptives Training* (Wo Sport Spaß macht, 3., überarb. Aufl). Aachen: Meyer & Meyer.

Marschall, F. (1999). Wie beeinflussen unterschiedliche Dehnintensitäten kurzfristig die Veränderung der Bewegungsreichweite? *Deutsche Zeitschrift für Sportmedizin, 50* (1), 5–9.

Rancour, J., Holmes, C. F. & Cipriani, D. J. (2009). The effects of intermittent stretching following a 4-week static stretching protocol: a randomized trial. *Journal of strength and conditioning research / National Strength & Conditioning Association, 23* (8), 2217–2222.

Schönthaler, S. R. & Ohlendorf, K. (2002). *Biomechanische und neurophysiologische Veränderungen nach ein- und mehrfach seriellem passiv-statischem Beweglichkeitstraining* (Wissenschaftliche Berichte und Materialien / Bundesinstitut für Sportwissenschaft, 1. Aufl.). Köln: Sport und Buch Strauß.

Siegrist M, Freiberger E, Geilhof B, Salb J, Hentschke C, Landendoerfer P, Linde K, Halle M, Blank WA: Fall prevention in a primary care setting—the effects of a targeted complex exercise intervention in a cluster randomized trial. Dtsch Arztebl Int 2016; 113: 365–72. DOI: 10.3238/arztebl.2016.0365. Zugriff am 31.8.2023. Verfügbar unter https://www.aerzteblatt.de/archiv/179403/Sturzpraevention-in-Hausarztpraxen.

Sölveborn, S.-A. (1983). *Das Buch vom Stretching - Beweglichkeitstraining durch Dehnen und Strecken.* München: Mosaik.

6 Tabellenverzeichnis